¡Eres Único!

**Escrito Por
Randa Canter**

**Ilustraciones Por
Amanda Kriese**

**Traducido Por
Jeff Grover**

Dedico este libro a Dios, quien es mi fortaleza y me ha bendecido con los ojos para ver Sus GRANDES MILAGROS que muchas veces han aparecido como desafíos en mi vida. Alabaré su nombre para siempre.
- Randa

Este libro se trata de descubrir. Mi propio talento ocultado y la mano de Dios para dirigirlo. Estoy muy agradecida por todos los que estuvieron a mi lado durante este viaje. Estoy agradecida por el ánimo continuo de Nick, el deseo de mis hijos de pintar a mi lado, la creencia de Randa en mí y en muchos de ustedes que me apoyaron en el camino. ¡Gracias!
-Amanda

Esta edición se publicó por primera vez en 2020. por Lawley Publishing, una división de Lawley Enterprises LLC.

Propiedad Intelectual © 2020
Por Randa Canter
La Ilustracion Propiedad Intelectual © 2020
Por Amanda Kriese

Lawley Publishing
70 S. Val Vista Dr. #A3 #188
Gilbert, AZ 85296
www.LawleyPublishing.com

Vamos a trabajar juntos para encontrar y descubrir,
Las diferencias que tenemos y otras que nos ayudan unir.

Escucha y búscalas mientras que leamos,
Nos hacen más fuertes y es lo que necesitamos!

Nuestra singularidad muestra cada talento y destreza,
Somos todos individuos, es una vida de belleza.

Todas las personas tienen algo especial, es verdad!
Tú eres único y una parte de nuestra comunidad!

Ven a conocer a dos amigos nuevos,
una amistad elegida.
¡Nos van a enseñar cómo la vida
puede ser muy divertida!

A Parker le encanta hacer los caballitos
y rodar con estilo,
mientras anima su equipo los "Packers"
con su sonrisa divino!

¡A Crew le encantan las botas
y llevar calcetines geniales!
Y cuando juega al fútbol él tiene
los pies fenomenales!

Ambos muchachos son
iguales en muchos aspectos,
También son diferentes y
eso merece respeto!

A Parker le encanta refrescarse en el agua un poquito. Nadar y jugar mientras se calienta el verano bonito.

Crew se lanza al agua y los dos nadan como un pez. Sin embargo, hay una diferencia, búscalo - ¿lo ves?

Crew usa los brazos y piernas para mover y sumergirse. Parker usa SOLO los brazos para poder voltearse.

¡Es bueno ser diferente! Es asombroso, ¿lo puedes ver? ¡Así es exactamente como la vida debe ser!

¿Qué es diferente y qué es lo mismo?

Estos amigos disfrutan brincando por horas en el trampolín. ¡Parker se ríe mientras Crew patea y voltea como bailarín!

En el trampolín, Parker pasa su tiempo en el trasero, él se arrastra, rueda y lucha como un caballero!

Los amigos encuentran diferentes formas de saltar y volar.

¡Necesitan la ayuda de un amigo para el cima llegar!

Es divertido apreciar lo que otros pueden hacer.

Aunque a veces es algo difícil para entender.

¿Qué es diferente y qué es lo mismo?

El primer día de la escuela

Para Parker & Crew el
verano ha sido genial
El año escolar ya comienza,
será especial.

Parker está nervioso,
pero su amigo está bien
Sus sentimientos son diferentes,
¿lo puedes ver también?

Están en la misma clase y trabajan duro para aprender.
A Parker le encantan los libros, pero Crew no quiere leer.

A Crew le encantan las matemáticas,
sumar y restar.
Sus intereses son diferentes,
¿lo puedes imaginar?

Trabajan en sus mesitas para
colorear y escribir.
¡Sus mentes tan diferentes y
brillantes, listos para recibir!

**¿Qué es diferente y
qué es lo mismo?**

Crew y sus amigos se sientan
en el banco para comer.
Hacen cosas de manera única,
siempre es un placer.

¿Qué es diferente y
qué es lo mismo?

¡Es tiempo de recreo!
Los dos quieren columpiarse.

¡Lo hacen diferente pero
ellos pueden disfrutarse!

Crew salta del columpio y
patea una pelota.

Sus piernas se cansan y
el cuerpo se agota.

Crew le pide a Parker un turno
para sentarse en su silla,
Las piernas de Parker no funcionan
entonces no podía.

Crew entiende y entonces descansa,
un buen amigo juvenil.
Parker también entiende y
espera un momento. ¡Es muy fácil!

¿Qué es diferente y
qué es lo mismo?

Algunos temas son privados,
en voz alta no los mencionamos.
El baño es un tema así,
con los desconocidos no hablamos.

Crew sabe cuando necesita
"ir al baño" durante la clase,
Él se levanta la mano y
el profesor le da un pase.

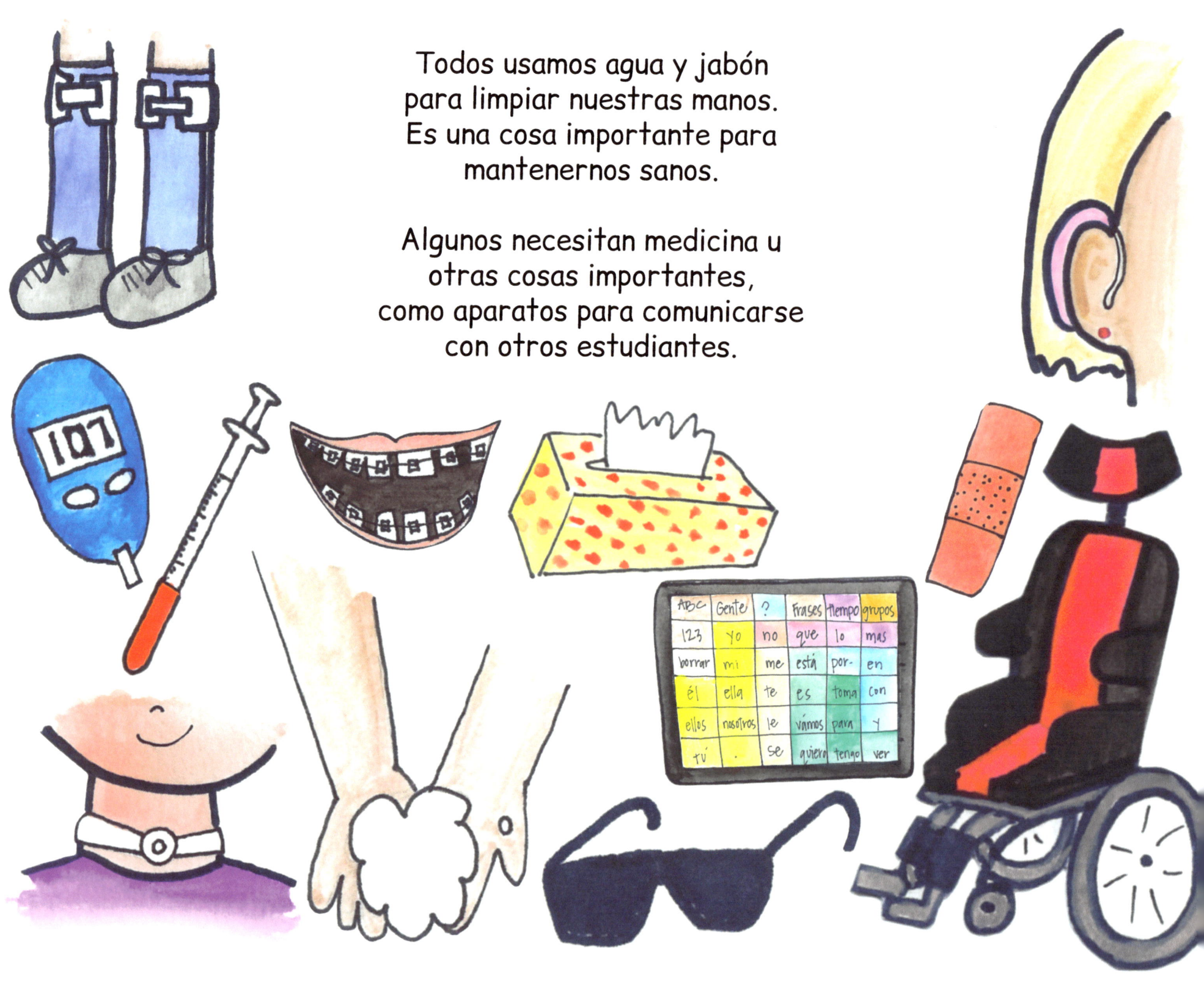

Todos usamos agua y jabón para limpiar nuestras manos. Es una cosa importante para mantenernos sanos.

Algunos necesitan medicina u otras cosas importantes, como aparatos para comunicarse con otros estudiantes.

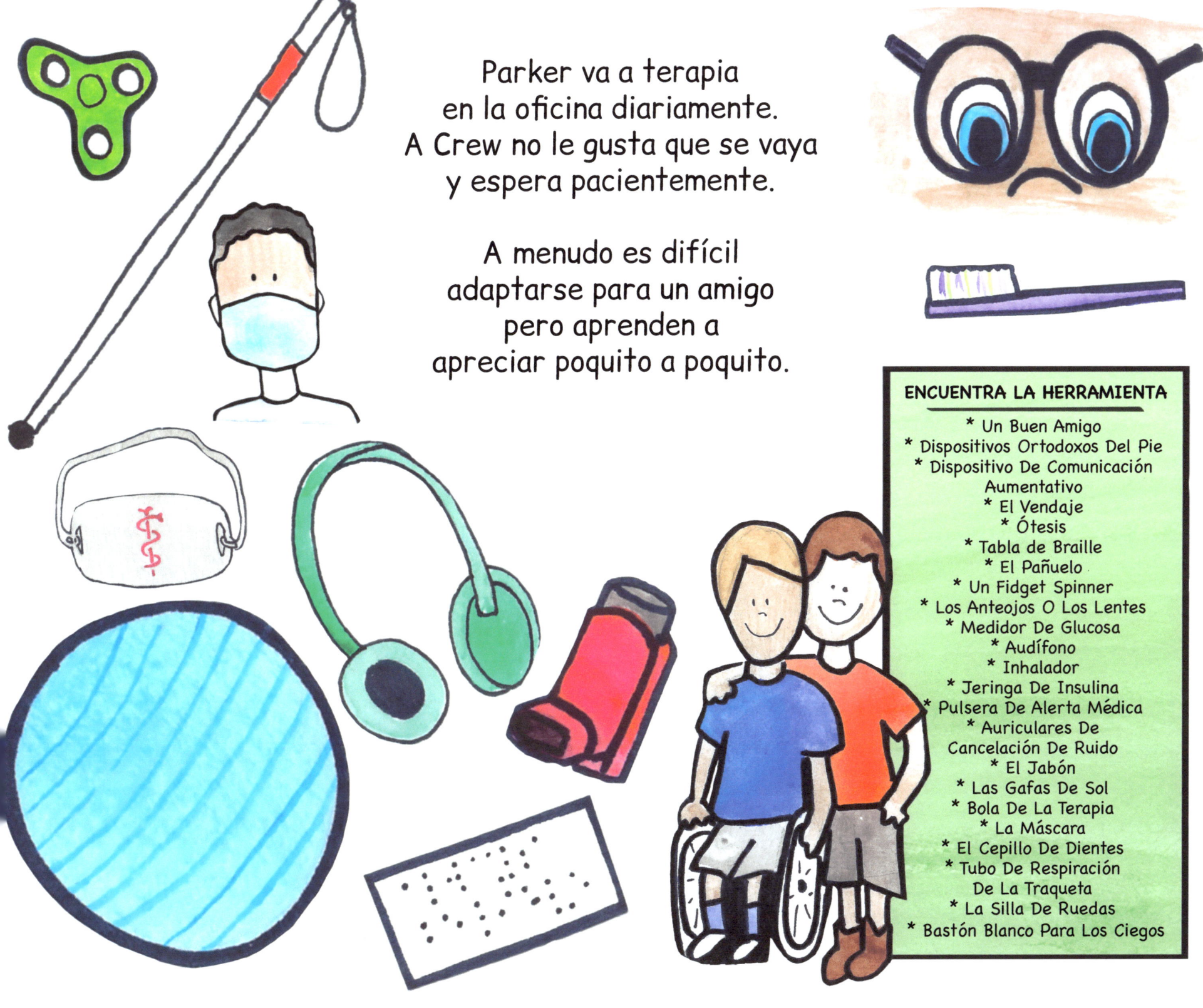

A Crew le gusta ayudar a Parker y
una vez le di un empujón
Aunque Parker se sorprendió,
él reaccionó con buen corazón.

"La próxima vez", dijo Parker,
"pide permiso antes de empujar"
Empujar sin permiso es lo peor,
pero gracias por ayudar.

¿Qué es diferente y qué es lo mismo?

Vienen y van de la escuela,
no hay manera oficial.
Caminan, andan en bici o
en autobús.

¡Cada uno es genial!

Parker y Crew toman el autobús,
les gusta el movimiento,
Crew sube las escaleras
para encontrar un asiento.

Las piernas de Parker no pueden pararse ni subir las escaleras,
Su autobús usa un ascensor para llevar su silla de ruedas.

El elevador baja y su silla rueda lentamente,
Luego levanta a Parker y se va tranquilamente.

¿Qué es diferente y qué es lo mismo?

Después de la escuela Crew
quiere andar en bici y correr.
¡Parker también se divierte en bici,
hay mucho por hacer!

Las piernas de Parker están aseguradas
con bandas de seguridad.

Puede andar en bicicleta con sus
fuertes brazos con facilidad.

La práctica de básquet para Parker es muy buena Crew se da cuenta muy rápido que hay un tema.

Todos del equipo de Parker tienen una silla singular. Crew quiere usar una también, pero no tiene nada igual.

Cuando es la hora de dormir
y cuando se acaba el día,
Crew y Parker a veces se
sienten un poco más rebeldía.

Ha llegado el momento de
descansar y quedar dormido.
Los niños se quejan y
lloran con el ceño fruncido.

Parker tiene una rutina y necesita esperar pacientemente
Para la medicina, el oxígeno y su aparato que se cabe precisamente.

Crew se cepilla los dientes y salta a la cama. Ambos se acuestan y agarran la almohada.

Sus mamás les mecen y abrazan fuertemente. Y las oraciones están dichas tan dulcemente.

¿Qué es diferente y qué es lo mismo?

Ahora vemos que cada amigo es un poco único,
Y esto es lo que se hace un mundo rico!

Nuestro mundo es un rompecabezas,
cada pieza es vital.
Su valor no sube ni baja
pero es fundamental.

Eres amado, eres especial,
a pesar de lo que haces.
Eres apreciado e importante,

¡TODOS SOMOS CAPACES!

Recuerda el ejemplo de los
amigos Parker y Crew.
¡Pon tu pieza en su lugar
y sé único tú!

NOTA PARA PADRES, MAESTROS y CUIDADORES:

La inclusión es importante para todos los niños con necesidades "especiales", ¿y no somos todos nosotros "especiales"? Cada persona necesita reconocer las formas en que son similares y diferentes de cualquier otro individuo único. ¡Así podremos llevarnos bien todos y dejar brillar nuestras habilidades únicas! Esperamos y deseamos que este texto esté utilizado como una forma divertida e interactiva para ayudar le a aquellos en su vida reconocer cómo son diferentes y similares a los amigos del cuento y los amigos que los rodean. Cada página que muestra las diferencias de los amigos tiene una pregunta a lado para ayudar a recordar al lector que pregunte: " ¿Qué es diferente y qué es lo mismo?" Queremos que el cuento, las preguntas y las ilustraciones abren un diálogo que brinde a todos el conocimiento y la confianza para dar un paso adelante y ser amigos de todos los que se encuentren, ¡inspirados por su propia singularidad!

RECUERDE, VALE MUCHO LO QUE DICE Y HACE. Sigue los pasos siguientes

SIEMPRE:
- Hable a la persona, solo menciona su discapacidad si es pertinente. Por ejemplo, si va Ud. a un lugar donde sea un desafío navegar por una silla de ruedas, puede ser importante decir: "Mi amigo viene, usa una silla de ruedas".
- Hable con otros y pregúntales su nombre. Si no responden entonces puede preguntare a su cuidador.
- Es importante conocer a cada individuo, todos son diferentes. No debemos asumir cosas que pueda evitar que te conectes y hagas nuevos amigos.
- Use la terminología adecuada lo mejor que pueda y sepa los términos correctos.
- Pregunte si no entiende Ud. Por ejemplo, si ve a alguien que usa aparatos ortopédicos en las piernas, puede preguntarle sinceramente por qué necesita usarlos.
- Reconozca que otros están haciendo lo mejor que pueden y trata de ayudarlos a entender las diferencias.
- Recuerde que podemos hacer las cosas de manera diferente para incluir a todos. Sea creativo. Encuentre una manera de incluir a todos sus amigos para participar en sus juegos!
- Siempre sonría se a los demás. ¡Una sonrisa cambia todo y es fácil!

NUNCA:
- No mire fijamente. En lugar de eso, ¡acérquese a los demás y preséntese!
- No use palabras malas para etiquetar a una persona. Una persona no es "lisiado", "retrasado" o "discapacitado". Simplemente es una persona con necesidades especiales.
- No refiere a una persona con discapacidad de manera negativa, puede crear la sensación de que de alguna manera no son lo suficientemente bue nos o que algo está mal con ellos. ¡Sé positivo!
- No hable en voz alta con alguien porque puede ser ofensivo. En cambio, hable normalmente como si fuera hablando con cualquier otra persona, ¡tal vez encuentre un nuevo amigo!
- No tenga miedo de ofrecer ayuda. Abra una puerta o preste ayuda de otras maneras amables.
- No critique a los demás. Recuerde que todos estamos haciendo lo mejor que podemos y existe una buena posibilidad de que no comprendamos las circunstancias de los demás.
- No se ofenda cuando alguien le hace una pregunta. Todos están aprendiendo. Sé comprensivo cuando los demás responden de forma diferente ¡Recuerde, es algo nuevo para todos! ¡Sé amable!

Conoce a los amigos detrás de la inspiración

¡Hola, soy Parker!

Sorprendí a mis padres el día de mi nacimiento cuando llegué al mundo con la forma más severa de espina bífida, se llama mielomeningocele abierto. Desde ese día he tenido más de 20 cirugías en mi cerebro, columna vertebral, piernas, pies, vejiga, intestinos y ojos. A pesar de mis desafíos físicos, soy un niño feliz de primer grado, lleno de vida y mi familia y amigos siempre están en alerta cuando hago caballitos con mi sonrisa contagiosa. ¡Me encantan los deportes, especialmente el fútbol americano, y mi equipo favorito es los Arizona State Sun Devils! ¡Mi deporte favorito es el béisbol en la Liga Milagrosa de Arizona! Si no estoy viendo o jugando deportes, me encontrarás compitiendo con mi hermano mayor en nuestro juguete de fútbol americano o compitiendo en nuestro propio torneo inventado con nuestra colección de mini cascos de fútbol americano universitarios! Cuando los niños me hacen preguntas sobre por qué uso una silla de ruedas, no me molesta. Mi canción favorita dice: "Si no caminas como la mayoría de la gente, algunas personas se alejan de ti, pero no lo haré. Si no hablas como la mayoría de la gente, algunas personas hablan y se ríen de ti, pero no lo haré. Caminaré contigo, hablaré contigo, así es como mostraré mi amor por ti " ¡Estoy muy emocionado por el día en que Jesús venga nuevamente cuando PUEDO caminar, correr, saltar y dar vueltas! ¡Hasta entonces, espero que me acompañes caminando, hablando y mostrando nuestro amor a todos!

Tu amigo,

Parker

¡Hola, soy Crew!

Tengo 7 años y soy uno de los niños más curiosos. ¡Pregúntame datos sobre animales y tendré mucho que compartir! Me encanta jugar y crear nuevos juegos de mesa. ¡Tengo una gran imaginación, amo el fútbol americano, los superhéroes, interpretando canciones divertidas y pasos de bailes locos y haciendo artesanías! ¡También me divierto mucho y me encanta hacer reír a la gente! Parker se nació un mes antes de que me nací y nuestras familias ya se conocieron y eran amigos, por lo que nos conocemos desde el primer día. Parker no se puede usar las piernas, pero aún encontramos formas nuevas para divertirnos juntos, ¡a veces tenemos que ser muy creativos para que funcione! ¡Parker tiene muchas bicicletas y sillas que también podemos usar! Incluso nos gusta luchar en la alfombra y él es bastante fuerte. No estoy nervioso ser amigo de niños que son diferentes a mí. ¡Intento ser un buen amigo para todos y tú también debes intentarlo!

Tu amigo,

Crew

CONOCE AL ILUSTRADOR

CONOCE AL AUTOR

CONOCE AL TRADUCTOR

Amanda Kriese reside en Gilbert, Arizona, con su marido Nick, él es un empresario ambicioso. Ellos tienen 4 hijos activos: Carter, Kiley, Katelyn, Crew y un loro, que se llama Ava! Amanda es muy creativa y ha compartido su arte con amigos y familiares por años. ¡Se sorprendió cuando su amiga le pidió que ilustrara un libro sobre su hijo y uno de sus mejores amigos! Como puede ver en la acuarela hermosa en las páginas de este libro, Amanda tomó el desafío con calma y ha trabajado diligentemente para exhibir su increíble talento artístico. Amanda también es una madre muy apasionada y le encanta pasar tiempo con su familia viajando y explorando al aire libre: caminatas, campamentos, paseos en bicicleta, y bucear. En casa le encanta hornear, hacer gelatina de fresa y manzanas acarameladas. También es voluntaria en la comunidad y siempre tiene un proyecto de artesanía.

Durante años, Randa Canter, incluso después de convertirse en una enfermera registrada, era muy tímida con las personas que eran diferentes. ¡Su miedo irracional de caminar por los espacios de estacionamiento para discapacitados con la emblema de una silla de ruedas pintado de azul, blanco y amarillo fue finalmente derrotado después de crecer en su papel de mamá de Parker! La inspiración para "¡Eres único!" vino cuando el maestro de Parker, que estaba siendo bombardeado con la curiosidad de sus compañeros de clase, invitó a Randa a hablar con la clase sobre sus diferencias. Inmediatamente sintió un profundo tirón para compartir lo que había aprendido a ser verdad, que cada individuo es único y especial y necesita ser celebrado en sus diferencias. ¡Y con eso nació "¡Eres único!". Mike, el marido de Randa, le apoya mucho y también es aficionado de ASU y el fútbol americano. Los dos son nativos de Arizona y residen en Gilbert, Arizona. Tienen 5 hijos dinámicos y adaptables: Ellie, Teagan, Macie, Parker y Millie. ¡A Randa le gusta tomar baños de burbujas, tener conversaciones profundas y significativas, mantenerse activo y hacer el pino (headstand)! ¡Le gusta tanto que Randa hizo el pino encima del puente Golden Gate y en el borde del acantilado del Gran Cañón!

Jeff Grover es padre de cinco talentosos e increíbles hijos y está casado con Maile, su novia de la universidad. Su familia disfruta pasar tiempo juntos jugando deportes, visitando la playa y pasando el tiempo con la familia y los parientes. Ellos son amigos de la familia Canter y conocen a Parker desde que nació y adoran la sonrisa y energía que Parker tiene para la vida. Jeff estaba feliz de ayudar con la traducción de este libro y le encantan las lecciones que este libro y amigos como Parker le enseñan todos los días.

Jeff es de Los Ángeles, California, y ama la diversidad y la cultura que ofrece la ciudad. Después de hacer una misión para su iglesia en México, Jeff se dio cuenta de que quería ayudar a otros a aprender el idioma español y apreciar la diversidad de culturas de las personas que hablan el español. Hoy día, él enseña clases de español de secundaria y nivel universitario y busca constantemente oportunidades para compartir su amor por el español con sus estudiantes y comunidad.

www.ingramcontent.com/pod-product-compliance
Lightning Source LLC
Chambersburg PA
CBHW041645220426
43661CB00019B/1298